OBSERVATIONS

SUR

LE PROJET DE LOI

PRÉSENTÉ

Par Mᵍʳ. LE GARDE DES SCEAUX,

Le 2 mars 1818, à la Chambre des Députés,
sur la Contrainte par corps.

DE L'IMPRIMERIE D'A. CLO.

A PARIS,

CHEZ Mᵐᵉ. LADVOCAT, LIBRAIRE,
AU PALAIS-ROYAL, GALERIE DE BOIS, N°. 197.

1818.

OBSERVATIONS

SUR

LE PROJET DE LOI

PRÉSENTÉ

PAR Mᴳ. LE GARDE DES SCEAUX,

*Le 2 mars 1818, à la Chambre des Députés,
sur la Contrainte par corps.*

⁓⁓⁓⁓⁓⁓

La loi du 4 avril 1798, qui a rétabli la contrainte par corps, n'est pas la seule qui existe encore sur le même sujet. La réforme de toutes ces lois est nécessaire, parce qu'elles sont énoncées en termes vagues et obscurs, qu'elles impliquent contradiction dans le sens et dans les termes, et qu'elles ont jusqu'ici donné lieu à des décisions différentes, sur les mêmes matières, dans les divers tribunaux de la France.

Ces lois doivent être remplacées par une loi claire et précise, où tout soit prévu et combiné de manière à ne plus donner lieu au litige ni à l'arbitraire. Enfin, cette nouvelle loi doit, au moins, être aussi favorable aux débiteurs qu'aux créanciers.

Monseigneur le Garde des sceaux a déclaré, que les dispositions de la loi du 4 avril, ne sont pas en harmonie avec les définitions que le code avait faites des actes de commerce, et que depuis la mise en activité du code de procédure civile, l'art. 3 de la loi précitée a donné lieu à beaucoup d'incertitudes dans les tribunaux de commerce.

Examinons si le projet de loi présenté par sa grandeur est conforme aux règles que je viens de poser.

TITRE PREMIER.

ARTICLE PREMIER.

« *La contrainte par corps a lieu*
« *dans toutes les affaires qui sont de*
« *la compétence des tribunaux de com-*
« *merce, sauf les exceptions suivantes.*
« *Ne sont pas compris à la contrainte*
« *par corps, les majeurs non-commer-*
« *çans qui auront mis leur signature*
« *sur des lettres-de-change, réputées*
« *simples promesses, ou sur des bil-*

« *lets à ordre, à moins qu'ils ne se*
« *soient engagés à l'occasion d'opéra-*
« *tions de commerce, trafic, banque,*
« *change ou courtage.* »

Il me semble que les affaires qui sont
de la compétence des tribunaux de commerce, devraient être désignées dans une
loi, dont un des principaux caractères
doit être la clarté et la précision, pour
détruire l'incertitude et empêcher les
fausses applications.

Le code de commerce dit aussi que
les lettres de change, réputées simples
promesses, n'emportent pas la contrainte
par corps. Il explique ce qu'on doit entendre par ce genre de lettres de change;
néanmoins jamais les tribunaux n'ont
voulu reconnaître cette exception, même
en faveur des personnes bien reconnues
non-commerçantes, et qui s'étaient en-
gagées pour toute autre cause que celle
d'opérations de commerce, trafic, change,
banque ou courtage.

Le nouveau projet ne détruit ni l'obscurité, ni l'incertitude qu'on reproche
avec raison à la loi du 4 avril, et dont
le code de commerce n'est pas exempt.
Par conséquent les tribunaux, soit civils,
soit de commerce, restent libres de pro-

noncer comme ils le jugeront à propos, suivant les lieux et les personnes.

Le défaut d'une définition exacte de ce qu'on doit entendre par lettres de change, réputées simples promesses, me fait craindre que, dans le fait, Mgr. le Garde des sceaux n'entende ne mettre aucune différence entre le commerçant et le non-commerçant, lorsqu'il s'agit de lettres de change.

Si cela est, je n'hésiterai pas de dire que la nouvelle loi, depuis si long-temps sollicitée par le malheur, et qu'on annonce comme une amélioration, est encore plus fatale aux malheureux débiteurs, non-commerçans, que celle qu'on veut abroger.

Je sais que le commerce mérite protection et faveur; mais tout le monde conviendra avec moi que les deux tiers au moins, de la population de la France, qui ne sont occupés qu'à l'agriculture, aux sciences et aux arts, ne peuvent se voir de bon œil, privés des avantages immenses qu'on accorde au commerce.

Le commerçant qui manque à ses engagemens, soit qu'il les ait contractés par lettres de change ou autrement, n'est incarcéré que dans le cas d'une fraude

constatée par les tribunaux. Il dépose son
bilan, obtient un sauf-conduit, assemble
ses créanciers, et fait avec eux un con-
cordat. Il paie 10, 15, 25 et rarement
50 pour cent, et reprend ensuite les affaires, plus brillant que jamais.

Le non-commerçant, au contraire,
qu'il soit agriculteur, jurisconsulte, mé-
decin, général, comte et même duc, est
conduit en prison, n'ayant aucun moyen
de s'y soustraire, car il n'est point admis
à déposer son bilan, parce qu'il n'est pas
commerçant. La faveur même de la ces-
sion lui est, pour ainsi dire, interdite.

Au surplus, la contrainte par corps,
pour dettes, n'est pas aussi nécessaire au
commerce qu'on voudrait le faire croire.
Pour s'en convaincre, le législateur n'aurait qu'à faire compulser les registres des
écrous des maisons de détention : il y
verrait très-peu ou presque point de négocians incarcérés ; il y verrait encore
moins de vrais négocians se permettre
de priver, pour dettes, un débiteur de
sa liberté ; mais, en revanche, il acquer-
rait la conviction que cette mesure bar-
bare et anti-sociale n'est employée, en
général, que par de vils usuriers, des
agioteurs, des prêteurs sur gage, signa-

lés, la plupart, par leurs escroqueries et leur immoralité; enfin, par des huissiers qui achètent à vil prix les créances de leurs cliens, contre le vœu de la loi et ses défenses expresses.

Ainsi, la loi de la contrainte par corps, qu'on regarde comme le *palladium* du commerce, n'est utile qu'aux voraces suppôts de la chicane et à ceux qui nuisent le plus au commerce par le moyen de l'usure; qui savent se soustraire plus ou moins à l'impôt en n'habitant que des galetas; qui n'exercent aucune profession ostensiblement, et qui se qualifient de *non-sujets à patente*, quoiqu'ils fassent une foule d'affaires lucratives en faisant valoir des capitaux plus ou moins considérables, d'une manière qui ne produit rien à l'Etat, qui ruine le commerce et l'industrie. On croit que le nombre de ces vampires s'élève, dans Paris, à plus de trois mille.

Enfin, le projet de loi proposé n'est pas en harmonie avec les circonstances présentes et la civilisation de la France; il est même injuste, parce qu'il n'est favorable qu'aux capitalistes d'un certain genre, au détriment des classes les plus utiles de la société.

Après tout ; s'il faut que la contrainte par corps soit maintenue , même contre les non-commerçans , qu'on les traite , au moins , comme on traite les commerçans. Ceux-ci ont, dans le fait, un jury qui, aussitôt qu'ils ont déposé leur bilan, soit par spéculation ou forcés par le malheur , s'assemble (ce sont leurs créanciers), et décide s'il y a fraude ou non dans leurs affaires, et tout s'arrange à l'amiable sans incarcération.

Un jury établi auprès des tribunaux toutes les fois qu'il s'agirait de prise au corps, pour dettes, pourait-il voter pour l'incarcération d'un honnête père de famille, irréprochable dans sa conduite, mais qui ne paie pas ses créanciers parce que les malheurs du temps ont tué son industrie, que ses propriétés ont été ravagées par l'invasion, et souvent parce que le Gouvernement ne lui rembourse pas des capitaux qu'il lui doit, avec lesquels il ferait honneur à ses engagemens?

Au reste, je pense qu'il en est d'un jury, en législation, comme des mathématiques dans les sciences et les arts. Les sciences et les arts font les progrès les plus rapides lorsqu'on peut y introduire les mathématiques. Le jury opérerait les mêmes avantages dans la plupart des affaires civiles.

TITRE DEUX.

ARTICLE SIX.

« *Tout débiteur, emprisonné pour* « *dettes civiles ou de commerce, ob-* « *tiendra son élargissement après trois* « *années consécutives de détention, en* « *payant ou en consignant le tiers du* « *principal de sa dette, etc., et en don-* « *nant pour le surplus une caution ac-* « *ceptée par le créancier ou reçue par* « *le tribunal.* »

La loi du 4 avril 1798, accordait aussi cette douceur aux débiteurs (tit. III, art. 18) au moment de l'arrestation, et dans toutes les époques de sa durée; mais grâce à l'amélioration annoncée à la tribune de la chambre des députés, cette faveur ne pourra plus avoir lieu qu'après un séjour de trois ans dans les prisons !...

Quoique l'article de la loi à réformer fût favorable aux débiteurs, on n'en compterait pas quatre sur douze mille, depuis vingt ans, qui aient pu en profiter, tant il est vrai que c'est le malheur et une

véritable détresse qui peuplent les prisons!...

· Si dans les premiers jours de son arrestation, un débiteur n'a pu profiter des
avantages de cette loi du 4 avril, com-
ment pourra-t-il le faire après trois ans
de détention ; lorsque pour soutenir son
existence et celle de ces enfans, il aura
été obligé de se défaire, toujours à vil
prix, à cause de sa position, de toutes les
ressources que le hasard lui aura laissées?
Je dis le hasard, parce qu'on sait qu'aussitôt qu'un débiteur est incarcéré ses
créanciers font opposition à tout ce qu'ils
découvrent lui être dû, qu'ils font ven-
dre ses meubles, qu'ils l'exproprient
même dans ses biens, et qu'ils le réduisent
ainsi que sa malheureuse famille dans un
état de misère dont il lui est impossible
de pouvoir jamais se relever.

Voïla les effets qu'a produits jusqu'ici
la contrainte par corps. Elle est inutile
pour les commerçans, elle fait le malheur
de ceux qui ne le sont pas, et porte un
préjudice notable à l'état et à la société.

ARTICLE DOUZE.

- « *Les sommes à consigner pour les*
« *alimens des détenus seront, quin-*

« zaine après la promulgation de la
« présente loi , portées à 25 francs par
« mois dans les villes au-dessous de
« cinquante mille ames , et à 30 francs
« dans les villes de cinquante mille
« ames et au-dessus.

Dans la session dernière, S. E. le ministre de l'intérieur, après avoir démontré , avec son éloquence ordinaire, que celui qui fait incarcérer son débiteur lui doit au moins la subsistance, même dans son propre intérêt , avait porté les alimens à un taux plus fort.

Le rabais d'aujourd'hui viendrait-il de ce que les temps se sont améliorés ? ou bien serait-ce par le peu d'intérêt qu'inspire le malheur ? Dans tous les cas , 40 fr. même sont loin d'être suffisans. On pourrait facilement s'en convaincre si l'on se donnait la peine de s'informer de ce qui se passe dans les prisons.

Ce fut sous le glorieux règne du bon Henri que le marc d'argent fut pris pour mesure des besoins d'un détenu pour dettes. Le marc d'argent ne valait alors que 20 francs , le pain ne se payait qu'un sou la livre , et le reste en proportion. Pourquoi s'écarter d'une mesure si conforme à la raison, au mouvement et à la variation des affaires ?

Une injustice révoltante que je trouve dans la loi proposée, c'est qu'elle ne fixe aucun terme à la captivité du débiteur. Il se trouve condamné à périr en prison sans aucun examen de sa conduite, sans s'assurer si c'est par sa faute ou non qu'il est réduit à l'impossibilité de payer ses dettes ; tandis que l'assassin qui aura arraché la vie à son semblable, ne sera, dans certains cas, privé de sa liberté que pendant dix ans.

La loi du 4 avril fixe à cinq ans la captivité des détenus pour dettes. Le nouvel accroissement de peine serait-il imaginé pour punir ces hommes de mauvaise foi, qui se laissent incarcérer par spéculation ? Mais le nombre en est si peu considérable, que pour punir un débiteur de cette espèce on causerait la ruine de plusieurs milliers de malheureux. D'ailleurs, lorsque la contrainte par corps était à vie, le domicile était sacré, on obtenait des lettres de répit ; il existait en outre des asiles tels que le *Temple* et *Saint Jean-de-Latran*. Les débiteurs pouvaient y continuer l'exercice de leur profession ; ils n'étaient pas séparés de leur famille ; ils surveillaient la conduite de leurs enfans ; il leur restait enfin mille moyens de satisfaire leurs créanciers ou de s'arranger avec eux. Mais aujourd'hui, rien de cela n'existe plus ; rien n'est plus respecté ; des gardes du commerce, impitoyables, viennent brutalement, accompagnés d'un juge de paix, et le plus souvent escortés seulement de leurs nombreux sbires , violer votre domicile et vous arracher du sein de votre famille éplorée.

Enfin, l'ensemble de la loi me paraît incohérent, incomplet, plein de lacunes, d'obscurité et opposé aux principes de l'humanité et de la civilisation. Les débiteurs sont-ils donc des criminels pour n'exciter aucun intérêt ? Si cela est, qu'il y a de criminels dans la société! si tous ceux qui doivent étaient incarcérés , il n'y aurait pas en France assez de prisons pour les contenir. Mais des millions de débiteurs jouissent de leur liberté, parce qu'ils n'ont pas contracté d'engagemens par lettres de change, ou que ceux qui se trouvent dans ce cas , ont affaire avec d'honnêtes créanciers qui sont pénétrés des sentimens d'humanité , que doivent inspirer à tout bon citoyen la misère publique et les malheurs présens.

Au reste, il n'est pas de pays où l'usure n'ait causé les plus grands maux. L'his-

toire des temps les plus reculés nous en
fournit la preuve. Les vexations des usuriers de l'Attique poussèrent leurs débiteurs à la révolte ; ils se choisirent un chef
pour les délivrer de leur tyrannie. *Solon*
fut nommé archonte, et il déchargea les
débiteurs.

Après le consulat de Valérius Publi-
cola, l'usure fit de tels progrès à Rome,
que le peuple, qui en était victime, se
retira sur le *mont Sacré*. Le sénat, qui
d'abord avait paru inflexible, fut obligé
de traiter avec lui d'égal à égal, et le peuple ne rentra dans Rome qu'à condition
qu'on abolirait les dettes.

S'il est inutile de citer d'autres exem-
ples pour prouver les dangers de l'usure,
il ne l'est pas de faire observer que jamais
ce fléau n'a fait autant de ravages que de
nos jours ; jamais les usuriers ne se sont
montrés avec autant d'audace et d'im-
pudeur ; jamais, à la vérité, ils n'ont trouvé
autant de sécurité et de facilité pour se
livrer à leur perversité, et jamais le malheur n'a excité moins de compassion.

Cependant les malheureux débiteurs
ne demandent pas l'abolition des dettes,
et ils pensent encore moins à la révolte ;
mais le *mont Sacré*, vers lequel ils se

réfugient, sont les Chambres. Celle des députés à retenti ces jours derniers des plaintes affligeantes de citoyens de quelques départemens , où l'insatiable cupidité des usuriers est sur le point de dépouiller de leurs propriétés territoriales une foule immense de cultivateurs. Ces malheureux , victimes de l'avarice et de l'usure, réclament seulement une prolongation de délais pour acquiter leurs dettes !

Après les calamités de tout genre auxquelles la France est en proie depuis si long-temps , calamités qui ont porté une atteinte funeste à l'agriculture , après avoir anéanti le commerce , les arts et l'industrie , ce serait un crime que de ne pas compter avec confiance sur la générosité , la justice et le patriotisme de nos représentans. Ils seront les défenseurs du malheur et des opprimés , et ils ne voudront concourir qu'à une loi sur la contrainte par corps, qui sera en harmonie avec les circonstances, la morale , la justice , la civilisation, et débarrassée du vague et de l'obscurité , sources intarrissables de procès et de chicanes.

Par B. D.